RÉPONSE

AU MÉMOIRE ADRESSÉ PAR Mᵉ MONET,

AVOUÉ A HAZEBROUCK,

A LA COMMISSION DES RÉCOMPENSES NATIONALES,

LE 9 DÉCEMBRE 1831,

ET PUBLIÉ EN JANVIER 1832.

Un Mémoire adressé à MM. les membres de la commission des Récompenses nationales, à l'effet d'obtenir
la décoration de juillet, vient d'être distribué par Mᵉ
Monet, avoué à Hazebrouck. Ce mémoire n'étant qu'un
tissu d'imputations injurieuses dirigées contre les
habitans de l'arrondissement, et en particulier contre
des citoyens notables de la ville de Cassel, ne pouvoit
passer sans réponse. Un grand nombre de citoyens,
toujours prêts à combattre ce qui peut porter atteinte à
l'ordre public, se sont réunis dans un même sentiment
d'indignation, pour repousser des attaques auxquelles
ils ne devoient pas s'attendre.

Le Mémoire de Mᵉ Monet est écrit sous la double
inspiration d'un amour-propre excessif, et d'un ressentiment incompréhensible. Ce n'est d'un bout à l'autre
qu'un éloge outré de lui-même, et un virulent réquisi-
toire contre ses concitoyens. Ces deux choses se confon-
dent, et il nous a été impossible de lui faire grâce du
ridicule, parce qu'il tient de trop près à l'odieux. Nous
allons parcourir les diverses allégations contenues dans
ce libelle, à-peu-près dans le même ordre que l'auteur
y a suivi.

Après nous avoir appris ses nom, prénoms, âge, etc.,
Mᵉ Monet nous assure qu'il ne fit jamais serment de

*

fidélité, en sa qualité d'avoué, qu'à Napoléon en 1812, et à Louis-Philippe, en 1830; *rigidité de principes* qui, selon M⁰ Monet, *faillit lui devenir funeste.* Rigidité bien courageuse, en effet, puisque M⁰ Monet osoit refuser à Louis XVIII et à Charles X des sermens qu'ils ne lui demandoient pas. Ce premier acte d'héroïsme n'a pas dû lui coûter beaucoup.

M⁰ Monet se vante ensuite des désagrémens qu'il essuya à Hazebrouck lors du renversement de l'empire. Ayant communiqué, dit-il, à plus de vingt personnes le dernier bulletin de l'empereur, il n'échappa que par une espèce de miracle à la *rage fanatique* de ces individus, que l'exaspération avoit changés *en bêtes farouches.* En 1815, menacé par les bandes insurgées des habitans du pays, il se retira à Saint-Omer; puis arrêté à Cassel, « je fus, ajoute-t-il, exposé, aux outrages » d'une populace déchaînée, et excitée contre moi par » des hommes assez lâches pour se tenir cachés dans » l'ombre, tandis que leurs satellites, l'injure à la » bouche, et prêts à m'offrir en holocauste à leur dra- » peau *sans tache,* me faisoient regarder comme un » asile les cachots où je fus plongé, et comme mes bien- » faiteurs ceux qui m'y avoient traîné. » On ne comprend pas bien quels furent les hommes qui purent exciter la populace contre M⁰ Monet, dont l'importance politique n'étoit pas assez reconnue pour valoir la peine d'une émeute. C'étoit tout simplement l'expression d'un sentiment populaire, qui vouloit éclater quelque part. Il suffit d'avoir la moindre idée des commotions politiques qui succèdent à de longues oppressions, pour ne pas s'étonner que le peuple, libre d'un joug de fer, fasse tomber son indignation, long-temps comprimée, sur la tête des instrumens ou des fauteurs du despotisme.

Toutes les phrases les plus sonores sur la gloire et l'in-
dépendance de la France, sur le génie de Napoléon qui
n'est contesté par personne, ne détruiront pas ce fait
historique éclatant, que la France étoit lasse du joug
militaire, qu'elle avoit soif d'une liberté qui ne palpitât
pas tremblante sous l'épée des conquêtes, et qu'elle
poussa un cri de joie, quand le sang des nouvelles
générations cessa d'arroser tous les jours de nouveaux
champs de batailles. M⁰ Monet s'étoit déclaré le parti-
san du *fléau de Dieu* qui décimoit la France ; nous
ignorons s'il se trouvoit bien sous le régime des baïon-
nettes, s'il respiroit à l'aise dans l'atmosphère étouf-
fante de la tyrannie, si sa pensée libérale étoit contente
de la censure, et si sa sensibilité sourioit à l'idée de la
conscription, et des plaines couvertes de cadavres ;
mais, ce que nous savons bien, c'est que la France, et
notre pays en particulier, ne se repaissoient pas de cette
fumée de sang, et ne sympathisoient pas avec la gloire
écrasante de Napoléon. On vouloit la paix et la liberté ;
deux belles palmes que les Bonapartistes fouloient aux
pieds.

M⁰ Monet ne doit donc pas être surpris si les habitans du pays exaspérés manifestèrent contre sa personne la haine qu'ils portoient au despotisme, dont, en
ce moment, il étoit en quelque sorte, à leurs yeux, la
personnification. Et si quelques individus, de ceux qui,
dans toutes les réactions politiques, cherchent à augmen-
ter le désordre, se sont permis envers lui des choses
indignes, il ne doit s'en souvenir que pour en rendre
grâces aux familles qui l'ont arraché à la fureur du
peuple. Ces familles, qui ne pensoient pas comme lui,
auroient pu espérer que la reconnoissance de M⁰ Monet
auroit la mémoire plus longue.

On ne peut s'empêcher de sourire, en voyant la naïveté de nos héros modernes, qui viennent à tout moment se canoniser comme martyrs de la liberté. A les entendre, ce sont des victimes toutes plus intéressantes les unes que les autres. Ils confessent, avec la plus édifiante modestie, que la méchanceté humaine leur en veut d'une manière toute particulière, et que l'enfer n'a point assez de machinations pour mettre à l'épreuve leur courage inébranlable. M⁰ Monet s'est trop laissé entraîner à cette manie de nos *importans* politiques. Nous avons déjà vu qu'il prétend avoir été l'objet spécial d'une émeute excitée sourdement par ses ennemis; plus loin il déclare que si l'insurrection de juillet 1830 avoit échoué, il étoit infailliblement *placé sous le glaive qui assassina Berton et Bories.* Ces petites jouissances de l'amour-propre sont parfaitement innocentes : mais ce qui ne l'est point, c'est d'accuser faussement ses concitoyens, ceux-là même, entr'autres, qui lui avoient sauvé la vie, comme il le reconnoît plus haut, de lui avoir dressé un guet-à-pens pour l'assassiner.

Dix à douze personnes des plus notables de Cassel étoient réunies pour un banquet au *Café du Nord.* Masquant *leur ressentiment* sous les mots *union* et *oubli,* ils lui firent les plus grandes instances pour assister à leur repas fraternel. Il fallut en quelque sorte entraîner M⁰ Monet dans la salle du banquet. Au dessert, on chanta, on hurla le refrain *vive le Roi.* On voulut contraindre M⁰ Monet à hurler avec les autres, et cela avec menaces; et, sur son refus, ces menaces alloient être exécutées par tous, c'est-à-dire qu'on alloit faire descendre M⁰ Monet du deuxième étage autrement que par l'escalier, quand un employé, nommé Barbe, s'élance au milieu des agresseurs , et saisissant un couteau , menace de poignarder le premier qui mettra la main sur Mᵉ Monet ; de sorte que les convives , qui *n'étoient que dix* contre deux , ne se trouvant pas en force , le laissèrent librement sortir du piége qu'ils lui avoient tendu. Telle est la version de Mᵉ Monet sur cet incident remarquable de sa vie. On y voit dans tout son lustre cette rhétorique de barreau , qui enlumine si bien les choses. On y voit Mᵉ Monet qui résiste de toutes ses forces à la séduction du banquet royaliste , et ce n'est que par une espèce de violence qu'on lui fait commettre le gros péché d'y assister. Puis survient une querelle , et cette querelle n'a pour cause que le refus obstiné de Mᵒ Monet de souiller sa bouche d'un refrain qu'il abhorre. Voilà le nœud de la pièce , et , comme on voit , les qualités du héros se développent avec le drame. Enfin le dernier acte présente une catastrophe des plus tragiques, et très-bien amenée : le héros touche au moment de périr par un crime et par la fenêtre , quand un autre, plus intrépide , arrête seul dix assassins devant son couteau , comme Horatius le Borgne arrêta seul toute l'armée de Porsenna; et tel est le dénouement heureux de la tragédie , à la grande satisfaction des spectateurs. Cela ne seroit que fort divertissant , sans doute, si l'auteur n'avoit imprimé à sa pièce un caractère odieux. On ne vient pas ainsi , après quinze ans , réveiller une querelle oubliée de presque tout le monde : il eût été plus courageux de publier ces détails quand l'affaire étoit encore récente. Les déterrer après quinze ans, c'est s'assurer le moyen de pouvoir tout dire et tout broder , selon des souvenirs qui peuvent tromper , ou un ressentiment qui peut être injuste. Les personnes qui ont quelque mé-

moire de ce banquet ne nient pas que M⁰ Monet n'ait été
mis à la porte ; mais elles déclarent 1.° que la querelle
n'avoit rien de politique , puisqu'elle étoit survenue
entre M⁰ Monet et un officier en demi-solde , qui pen-
soit comme lui ; 2.° qu'aucune menace sérieuse ne lui
fut faite ; 3.° que le douanier Barbe , dont un pareil
exploit auroit assuré la célébrité , est tellement tombé
en oubli , qu'on ignore s'il étoit à Cassel à l'époque de
ce banquet , et 4.° que le couteau levé contre des
assassins n'est qu'une erreur de la mémoire de M⁰ Monet , ou une métaphore échappée à sa brillante ima-
gination. Du reste , on jugera , par l'exactitude des
autres allégations de M⁰ Monet , du degré de confiance
qu'il faut accorder à celle-ci. Mais que penser d'un
homme qui , appuyé sur des historiettes de ce genre ,
ose dénoncer son pays comme un repaire de brigands
aux hommes influens de la capitale ?

M⁰ Monet cite beaucoup de petites circonstances
dans lequelles il *s'exposa singulièrement* pour
sauver la patrie : car , depuis quelque temps ,
il lui pleut des sauveurs , à cette pauvre patrie.
Ainsi , en 1816 , il alla voir dans son exil le
général Vandamme ; ce qu'ont fait bien des personnes
qui n'ont pas cru devoir s'en glorifier comme d'un acte
infiniment courageux. A son retour , une visite domi-
ciliaire eut lieu chez lui , chose encore assez vulgaire.
En outre , M⁰ Monet avoit dans son salon des portraits
illustres , et entre autres celui de Napoléon. De plus ,
il appela sa fille Marie-Louise-Joséphine , et son fils
Casimir-Benjamin-Constant. Bien plus encore, en 1826,
il eut des discussions politiques véhémentes , en dili-
gence , sur la route de Saint-Quentin , au nez d'un
agent de police : ce qui arrivoit à tout le monde.
Mieux encore , il écrivit une lettre dans *le Constitu-*

tionnel du 3 mai 1829 , chose rare et prodigieuse ,
comme chacun sait. Me Monet parle encore de
deux duels pour cause politique : on n'en connoît
qu'un , mais qui n'avoit rien de politique , et qui
s'est terminé fort plaisamment et sans blesser
personne. Enfin en juillet 1830 , Me Monet alla ,
comme tout le monde , à la rencontre des nouvelles de Paris qui arrivoient par les diligences ;
et à cette époque , il fit une maladie occasionnée ,
dit-il , par la joie que lui causa la révolution de
juillet : inutile de consulter là-dessus les médecins qui
le traitèrent. En vérité, que penseront MM. les membres de la commission des récompenses , lorsqu'ils ver-
ront que dans l'arrondissement d'Hazebrouck on estime
que ces actes-là suffisent pour obtenir la décoration de
juillet ? N'est-ce pas un amer sarcasme contre cette
décoration , comparée par Me Monet aux couronnes
civiques des Romains , que d'en faire le trophée de
hauts faits de cette espèce? Est-ce là ce courage civil qui
demande peut-être *plus de force d'ame* qu'il n'en faut,
selon Me Monet , pour hasarder sa vie au milieu des
batailles ? Pauvre croix de juillet , ne serois-tu donc
qu'une mystification ?

En novembre 1822, Me Monet fut sur le point d'être
arrêté à Paris comme chargé d'une mission secrète et
importante pour les révolutionnaires. C'est-à-dire que
Me Monet fut l'objet d'un rapport à la police : de qui
la police ne s'occupe-t-elle pas ? Quel homme connu
dans sa ville n'est pas exposé aux recherches de cette
puissance mystérieuse ? Mais , après tout , Me Monet
étoit-il chargé en effet de quelque mission relative à la
conspiration dont le foyer, selon lui, étoit à Lille? Si
Me Monet n'a pas trempé dans ce complot , de quoi se
vante-t-il donc devant la révolution? Et s'il y a trempé,

pourquoi n'ose-t-il pas le dire plus clairement ? Auroit-il compris que, dans un pays où la franchise est de
rigueur , les plus habiles conspirateurs ne sont pas
réputés les meilleurs citoyens ?

Nous n'avons point le temps de citer tous les petits
faits dont M⁰ Monet grossit son mémoire , on peut en
juger par ceux que nous avons rapportés. Voici les
derniers , desquels on voit toujours ressortir cette
préoccupation singulière, qui fait que M⁰ Monet attache
une importance étrange à ses plus minces aventures.

« En 1827, lors du passage par Cassel de Charles
» X, qui se rendoit au camp de Saint-Omer , sur la
» porte triomphale élevée par la ville en face du châ-
» teau du général Vandamme, on avoit placé , sous
» *les yeux indignés* de ce vétéran de la gloire , une
» pièce de vers des plus *injurieuses* à l'ancienne
» armée. Aussitôt que j'eus connoissance de cette
» *adulation grossière*, je me rendis au café du Midi ,
» quartier général des autorités. Là , je les sommai, au
» nom de *notre gloire* qu'on vouloit flétrir, de me
» donner des explications sur ces vers. Une discussion
» des plus violentes s'engagea ; mais si , en ce moment
» où l'enthousiasme étoit à son comble, *je m'exposai*
» *singulièrement*, j'eus du moins la satisfaction de voir
» que la pièce de vers disparut, et ne fut plus rétablie
» au retour de Charles X , quelques jours plus tard. »
Autant de phrases , autant de faussetés.

1.⁰ Cette pièce de vers n'étoit pas *injurieuse* à l'ancienne armée. Elle comparoit , il est vrai, nos triomphes militaires aux triomphes de la paix , qui sont ceux
des arts , du commerce , des lumières ; elle préféroit
ceux-ci au règne de la force , qui accompagne toujours les longues guerres; mais il n'y avoit là nulle

insulte ni à l'armée , ni à la gloire. Il ne faut pas jeter dans la politique les chicanes du barreau : il y a deux choses dans les conquêtes de Napoléon et de ses généraux : il y a , d'un côté , la gloire et la grandeur de la nation , que nous outrageons moins que personne ; il y a , d'un autre côté , le despotisme que nous avons toujours eu en horreur , même lorsqu'il étoit manié par Napoléon , et Mᵉ Monet n'en peut pas dire autant. Ces vers flétrissoient le despotisme militaire, et rien de plus : il n'est pas beau d'en avoir pris la défense.

2.° Il n'y avoit pas d'*adulation grossière* à rendre hommage alors au représentant de la puissance publique , pas plus que Mᵉ Monet n'est un adulateur grossier , en imprimant aujourd'hui quelques lignes flatteuses pour M. C. Périer.

3.° Ces vers ne furent point placés sous les yeux *indignés* du vétéran de la gloire. Le général Vandamme laissoit à ceux qui avoient besoin de se gonfler le soin de s'indigner pour si peu ; il n'étoit pas assez avocat pour chercher querelle sur des vétilles ; il avoit trop de bon ton et trop d'esprit pour voir des allusions là où personne n'en voyoit. Mᵉ Monet et autres tentèrent de l'irriter contre l'auteur de l'inscription , et le général apprécia à leur juste valeur les déclamations de Mᵉ Monet , déclamations que , par politesse , nous ne qualifierons pas d'*adulations grossières* (1).

---

(1) Extrait d'une lettre du général Vandamme à M. Binaut.

Cassel, le 14 Septembre 1827.

Monsieur le notaire ,

J'ai reçu vos deux lettres : la première accompagnoit le discours et les vers de M. votre neveu , dont je vous remercie beaucoup et dont je lui fais compliment. La lettre explicative qu'il m'a adres-

4.º Mᵉ Monet n'alla pas *sommer les autorités de lui donner des explications*, et il n'engagea pas une *discussion violente*; personne ne s'en souvient, hormis Mᵉ Monet : ce fut peut-être un monologue de Mᵉ Monet avec lui-même.

On fit donc très-peu d'attention à ce que Mᵉ Monet put dire ou ne pas dire. Comment donc ose-t-il écrire qu'il *étoit exposé singulièrement*, lorsque le public le laissoit si volontiers dans une utile obscurité? Comment n'a-t-il pas saisi le côté plaisant de ces dangers continuels qu'il se vante d'avoir bravés ? *Je m'exposai singulièrement ?* Où donc, s'il vous plaît ? Au milieu d'un peuple tellement inoffensif, que Charles X fendoit la foule à pieds, depuis le milieu de la place jusqu'au sommet du château, sans un gendarme pour le défendre? Et la colère du peuple auroit songé à Mᵉ Monet? C'eût été, il faut en convenir, une étrange distraction.

Ce n'est pas tout. Mᵉ Monet, qui gémissoit sur les ténèbres dont il nous voyoit entourés, ne s'est pas épargné les sacrifices pécuniaires. « Brochures, ou- » vrages prohibés, tout, dit-il, étoit par moi intro- » duit en France. » Voilà d'abord, chose morale et édifiante, un homme chargé de faire parler les lois dans le sanctuaire de la justice, un homme de l'ordre légal, qui casse, de son autorité privée, les arrêts des tribunaux, et qui répand les ouvrages que les tribunaux ont proscrits. Mais étoient-ce seulement les ouvrages prohibés par les lois politiques que Mᵉ Monet intro-

sée, m'a prouvé que l'on avoit mal conçu ce que ce jeune et savant littérateur avoit dit dans l'une des inscriptions de l'arc de triomphe, (près de la porte de mes remises), dont on m'avoit parlé, mais que je n'avois pas lue.....

duisoit ainsi ? Il ne nous parle que de Béranger :
pourquoi taire les ouvrages de littérature et de droit
qui se vendent à Paris, au profit des auteurs ou des
éditeurs français, mais qui se vendent à meilleur mar-
ché en Belgique, au détriment de notre librairie, et
au profit de la spéculation, comme M⁰ Monet le sait
de reste ? M⁰ Monet parle quelque part du désintéressement dont il a fait preuve *dans cinquante circonstances.* Il faudroit expliquer le mot *désintéressement.*

Nous ne serions point entrés dans d'aussi pauvres détails, si M⁰ Monet s'étoit contenté dans son mémoire
de vanter ses prouesses et ses belles qualités, sans
noircir personne. Mais comme il se met presque par-
tout en opposition avec la majorité de ses concitoyens ;
comme il s'adjuge toutes les vertus, en chargeant les
autres des crimes les plus odieux ; comme il se fait
martyr sous la main des bourreaux, et que la partie
du public, fort nombreuse, qui ne connoît pas
M⁰ Monet, pourroit rester dans l'erreur, si on gar-
doit le silence, nous avons dû tout dire, afin qu'on pût
tout apprécier. Cette tendance à salir l'honneur d'au-
trui reparoît dans la dernière historiette que contient
le mémoire. Le 29 Juillet 1830, M⁰ Monet se trouvoit
à Cassel, au café du Grand Cerf ; dans une discussion
politique, M⁰ Monet déclara, entre autres prophé-
ties, que le roi parjure, dont on venoit de recevoir
les ordonnances, seroit indubitablement renversé, s'il
ne l'étoit déjà, et que la guerre civile seroit courte ;
qu'enfin Charles X seroit bien heureux si on lui per-
mettoit la fuite. A ce discours, selon M⁰ Monet, la plus
grande partie de ses auditeurs s'enflamma de fureur ;
une personne voulut lui opposer quelques raisonnemens
puisés dans l'*Universel*; M⁰ Monet, indigné, lui arracha

ce journal des mains, le froissa, et le lança à la figure
de son interlocuteur : ce sont les urbanités de Me Monet.
Ces Messieurs eurent donc recours à leur *argument
favori*, quand ils sont dix contre un; ils se précipitèrent
sur Me Monet, le maltraitèrent, et finirent par le jeter
dans la rue. Après quoi, le drapeau tricolore qui parut
bientôt, fit oublier à Me Monet tous ses dangers, et en
même temps les noms de ses adversaires.

C'est encore là, comme on voit, le guet-à-pens de
quelques scélérats *Casselois* contre le juste que rien ne
peut ébranler : *Justum et tenacem propositi virum...*
Par malheur, la vérité historique n'est pas ici non plus
en faveur de Me Monet. Il est possible qu'on ait parlé
de politique vers ce temps au café du Grand Cerf; il
est vrai que Me Monet froissa l'*Universel* qui n'y pouvoit rien; mais il se charge gratuitement d'une gros-
sièreté dont il ne se rendit point coupable, en disant
qu'il *lança* le journal à la *figure* de son interlocuteur.
Me Monet soutiendroit vainement qu'il s'est permis cet
acte aussi insensé qu'intolérant, nous ne le croirions pas.
Les témoins de la discussion ne se précipitèrent pas non
plus sur Me Monet, et ne le maltraitèrent pas : il fut à
la vérité jeté dans la rue; mais non par dix personnes
ameutées contre une : ce fut, nous le disons à regret,
ce fut la maîtresse du café, seule, sans que son mari
lui-même fît autre chose, dit-on, que la suivre, qui, d'un
bras victorieux, jeta Me Monet dans la rue, ne voulant
pas que son café fût une arène où Me Monet déployât
les agrémens de sa politique. La maîtresse du café avoit
ses raisons, sans doute, puisque Me Monet, d'après son
propre témoignage, étoit tellement exaspéré, qu'il auroit pu *lancer* un journal *à la figure* d'un honnête
homme, parce que cet homme lui opposoit quelques

argumens tirés de l'*Universel*. Il n'est donc pas étonnant qu'il ait , dans sa générosité, oublié les noms des dix personnes qui se précipitèrent sur lui ; car personne ne se précipita sur Me Monet. :

Me Monet peut maintenant .donner , tant qu'il le voudra , tout Cassel pour garant de ses paroles : ces sortes de garans qu'on ne nomme pas seront toujours trop insaisissables , pour que MM. les commissaires des récompenses viennent les consulter. Mais comment peut-on dire que *tout Cassel* attestera que Me Monet a perdu plus de 25,000 francs à cause de ses opinions politiques ? Est-ce pour se moquer de la commission ? Ou bien Me Monet auroit-il distribué tous les ans un compte rendu de ses recettes et de ses dépenses , et mis le public dans la confidence de ses sacrifices patriotiques ? Quoiqu'il en soit , voici ce que le pays pourra attester à MM. les commissaires avec pleine connoissance de cause :

1.° Me Monet a fait un mémoire , duquel il résulte qu'il a été mis à la porte deux fois , menacé par la colère du peuple, sauvé par ceux qu'il outrage ; qu'il a fait la contrebande , et tâché d'occuper de lui les bouches de la renommée : toutes choses sur lesquelles il eût mieux fait de ne point provoquer des éclaircissemens ;

2° Me Monet a prodigué l'insulte à ses concitoyens ; il a tracé de son pays le tableau le plus affreux , de manière à faire croire aux étrangers que notre arrondissement est une pépinière de Trestaillons politiques, un repaire de bêtes féroces , habité par un peuple abruti et sanguinaire ; de manière encore à attirer sur ce pays les persécutions qu'on a vues à une autre époque , si jamais le génie du mal venoit à dominer la France ;

3.° Si M° Monet n'avoit pas d'autres droits à faire valoir que ceux qu'il indique dans son mémoire, il ne feroit pas honneur à la croix de juillet. Sans doute la main de *notre Roi*, comme il le dit, *peut faire briller le ruban sur le sein d'un citoyen qui n'a jamais porté les armes;* mais c'est peu de la main d'un roi ; et si la voix de nos concitoyens ne ratifie point ce qu'elle a fait, le ruban rentre dans la classe de ces *fastueux insignes, dont les rois*, comme dit encore M° Monet, *décoroient l'insolence de leurs favoris.* M° Monet s'est mis en opposition ouverte avec la majorité de ses concitoyens; à leurs yeux, le ruban de sa boutonnière ne seroit qu'un insolent trophée, obtenu en les insultant en masse; ce qui paroîtroit peu digne d'une révolution qui s'est proclamée grande et généreuse.

Lille. — Imp. de L. Lefort. — 1831.